FACULTÉ DE DROIT DE PARIS

THÈSE

POUR

LE DOCTORAT

PAR HENRI CHANTREUIL

Avocat à la Cour impériale de Paris.

PARIS

GUSTAVE RETAUX, LIBRAIRE-ÉDITEUR

15, Rue Cujas, 15

—

1867

FACULTÉ DE DROIT DE PARIS.

THÈSE POUR LE DOCTORAT

DE LA

RESTITUTION ACCORDÉE AUX MINEURS DE 25 ANS

EN DROIT ROMAIN

DE L'ACTION EN NULLITÉ

OU EN RESCISION

(Code Napoléon. Articles 1304 à 1314)

L'acte public sur les matières ci-après sera soutenu
le Vendredi 23 Août 1867, à 3 heures

Par Henri CHANTREUIL

PRÉSIDENT : M. VALETTE.

SUFFRAGANTS :	MM. MACHELARD DÉMANTE	Professeurs.
	GÉRARDIN DESJARDINS	Agrégés.

*Le candidat répondra en outre aux questions qui lui seront faites
sur les autres matières de l'enseignement.*

PARIS
GUSTAVE RETAUX, LIBRAIRE-ÉDITEUR
15, Rue Cujas, 15.
1867

FACULTÉ DE DROIT DE PARIS.

THÈSE POUR LE DOCTORAT

DE LA

RESTITUTION ACCORDÉE AUX MINEURS DE 25 ANS

EN DROIT ROMAIN

DE L'ACTION EN NULLITÉ

OU EN RESCISION

(Code Napoléon, Articles 1304 à 1314)

L'acte public sur les matières ci-après sera soutenu
le Vendredi 23 Août 1867, à 3 heures

Par Henri **CHANTREUIL**

PRÉSIDENT : M. VALETTE.

SUFFRAGANTS :	MM. MACHELARD	} Professeurs.
	DEMANTE	
	GÉRARDIN	} Agrégés.
	DESJARDINS	

Le candidat répondra en outre aux questions qui lui seront faites
sur les autres matières de l'enseignement.

PARIS
GUSTAVE RETAUX, LIBRAIRE-ÉDITEUR
15, Rue Cujas, 15.
1867

À MON ONCLE CHRISTIAN GARDIN

Président du Tribunal civil d'Arras, Chevalier de la Légion d'Honneur.

DROIT ROMAIN.

DE LA RESTITUTION ACCORDÉE AUX MINEURS DE VINGT-CINQ ANS.

INTRODUCTION HISTORIQUE.

Le droit romain accordait au *paterfamilias* pubere la pleine capacité civile. Sorti brusquement de tutelle il devenait capable des actes civils, quelque fut le dol commis envers son inexpérience, quelle que fût la lésion qui en résultât. Il était ainsi à quatorze ans jeté au milieu des affaires et abandonné à lui-même. On ne tarda pas à comprendre les inconvénients de cet exercice prématuré des droits privés surtout à une époque où l'ancienne simplicité des mœurs disparaissait sous l'influence de l'accroissesement de la richesse individuelle. Un plébiscite, la loi Plictoria qui était déjà en vigueur sous Plante au VIᵉ siècle chercha à obvier aux inconvénients d'une telle situation, cette loi établissait un *judicium publicum rei privatæ* contre celui qui avait abusé de l'inexpérience d'un mineur de vingt-cinq ans pour le faire contracter sous des conditions onéreuses. La condamnation pécuniaire et infamante qui menaçait les tiers les eut éloignés précisément au préjudice du mineur qu'on voulait protéger, mais celui qui traitait loyalèment avec le mineur n'avait qu'à exiger de lui qu'il se fit nommer un curateur pour écarter du contrat toute présomption de manœuvres frauduleoses.

Le mineur repoussait, sans doute par une exception tirée du *judicium publicum* à la suite duquel l'auteur du dol avait été condamné, la demande que celui-ci aurait dirigée contre lui à raison de l'engagement extorqué ou surpris.

Sous Marc-Aurèle, la curatelle devient permanente si le mineur réclame ce secours, mais elle ne lui est imposée qu'autant qu'il l'aura requise spontanément et dès lors, il se trouvera protégé contre lui-même jusqu'à *l'œtas legitima*. La curatelle était obligatoire, mais à titre spécial, dans les trois circonstances suivantes :

1° Quand le mineur à un procès (L. 1, C. V. 21) ;

2° Pour recevoir un paiement (L. 7, § 2. IV. 4) ; dans le droit de Justinien, le débiteur pour avoir toute sécurité doit payer *ex judiciali sententia*.

3° Pour recevoir les comptes de tutelle, ce n'est que si les curateurs ont été ainsi nommés que l'*officium tutoris finem accipit* (L. 33, § 1, XXVI. 7.— Gordien L. 7. C. V. 31.) Il ne s'agissait plus de rendre inapplicable par l'intervention du curateur la loi Plætoria, mais de rendre moins fréquent le secours prétorien plus efficace de la Restitution. En effet, le prêteur pnisant dans son *imperium* un procédé

radical d'effacer les conséquences du droit quand·
elles blessaient l'équité, restituait au mineur de 25
ans lésé à raison de son inexpérience, la situation
juridique qu'elle lui avait fait perdre. Le préteur
avait bien prévu et prévenu par des actions préto-
riennes ordinaires, suivant l'une et l'autre phase de
la procédure *in jure* d'abord, puis *in judicio* certaines hypothèses où le droit strict serait en conflit
avec l'équité ; mais en d'autres cas, il statuait lui-
même *extra ordinem* et en connaissance de cause ;
c'est précisément là le domaine de la *in integrum
restitutio*.

Pourquoi le préteur ne suivait-il pas en cette matière, la marche ordinaire ? Quels correctifs suffisants
pouvaient atténuer les abus auxquels cette situation
semblait donner naissance ? Tout cela s'explique par
la nature des pouvoirs confiés au préteur et par cette
raison que les théories juridiques destinées à préciser l'opportunité de cet échec au droit, faisant
complètement défaut à l'origine, les appréciations
de l'espèce devaient être trop nombreuses, trop dé-
licates et trop indéfinies pour être commodément
insérées dans une formule et renvoyées devant un
juge, selon le droit commun. Insensiblement, les
obscurités disparaîtront, la doctrine se formera et le
préteur abdiquant sa juridiction exclusive donnera
de véritables actions ou exceptions ordinaires toutes
les fois qu'elles seront applicables. C'est ce qui est
arrivé pour les actions *quod metus causa, de dolo*

malo, et pour l'action *in factum, de alienatione judicii mutandi causa.* Le droit civil lui-même prononça parfois certaines nullités qui rendaient inutiles et par conséquent impossible la *in integrum restitutio* dans les cas où on l'avait appliquée au paravant (L. 25, § 2, de *petitione hereditatis.—* Constitution de Dioclétien et Maximien, L. 3, C. *de in integrum restit.*) Enfin les anciens jurisconsultes élaborèrent la théorie de la restitution dans l'Edit, les règles détaillées qu'ils donnaient en casuistes sur l'admission ou le refus de la restitution, dit M. de Savigny, l'assimilèrent tous les jours davantage aux moyens de droit ordinaire et lui enlevèrent son caractère primitif de dépendance aux volontés du préteur. D'autres garanties éloignaient encore de ce pouvoir exorbitant réservé au préteur l'arbitraire et l'injustice.

1° La position élevée du magistrat compétent, car ce ne fut que sous Justinien que le droit d'appel autorisa à étendre cette attribution aux juges inférieurs.

2° La durée fort courte de leurs fonctions.

3° Le contrôle des tribuns du peuple et enfin, le caractère de remède extrême qui appartient à la *in integrum restitutio.* Cette dernière proposition a donné lieu à diverses difficultés et nous allons étudier quelques textes qui semblent se référer à ce principe : C'est Ulpien qui pose la règle dans la loi 16 *de min.:* « *Si communi auxilio et mero jure*

munitus sit, non debet ei tribui extraordina-
rium auxilium. » Comment concilier avec cela
les lois 39 § 1 et 45 § 1 *de min.* et les lois 3 et 5 C.
si tutores vel suratores? Ces textes ne nous mon-
trent-ils pas l'action de tutelle et l'action de gestion
d'affaires à côté de la restitution ? Or, le mineur est
protégé par le droit commun puisqu'il a l'action de
tutelle et l'action de gestion d'affaires, donc la restitution est impossible ! — C'est là se méprendre sur
le sens de ce que dit Ulpien, car le jurisconsulte
ajoute un peu plus loin dans le même texte « *non*
enim ipso jure sed per condictionem munitus
est, » c'est à dire que si l'acte est valable en droit,
la restitution est possible, bien qu'on puisse exercer
une autre action. Ce n'est donc là, quoiqu'on dise,
qu'une application des principes généraux, car l'action de tutelle ayant pour condition la preuve d'une
obligation spéciale du tuteur est toujours moins sûre
que la restitution qui demande seulement la justifi-
cation du préjudice. On a cru que la restitution ne
serait accordée au mineur qu'autant qu'il ne pourrait obtenir *jus suum* par l'*actio tutelæ* à cause de
l'insolvabilité de son tuteur; et on a, dans cette opinion ainsi traduit le rescrit de Dioclétien « *licet*
personali actione a tutore vel curatore jus suum
consequi possint » c'est à dire : « Bien que par l'action personnelle, ils puissent obtenir *jure* mais non
effectu ce qui peut leur être dû. Cette interprétation un peu subtile est loin d'être convaincante?

Comment en effet peut-on dire que celui qui n'obtient rien, obtient *jus suum*? N'est-ce pas là une étrange confusion entre le verbe *petere* et le verbe *consequi*, entre le droit et la faculté naturelle d'obtenir ce qui est dû. On tire néanmoins dans cette opinion un puissant argument de la loi 23, *de min*.

Le mineur, dit le juriconsulte, ne devra pas être écouté lorsqu'il demandera la restitution contre l'acte de son mandataire majeur « *nisi si mandatu ejus gestum erit nec a procuratore servari res possit.* » D'après cette loi, il n'y aura donc de restitution possible que si le mandataire est insolvable. Nous répondrons cependant que l'assimilation entre un tuteur et un mandaire n'est pas possible. Quand le mandataire agit, c'est en son propre nom et vis à vis les tiers, il n'y a pas *gestum cum minore*, on conçoit très bien que le mineur dans ce cas ne puisse se faire restituer directement, s'il n'éprouve aucun préjudice, Le tuteur au contraire efface sa personnalité, « *domini loco habetur* » et les actes passés avec lui sont tout à fait considérés comme passés avec le pupille (L. 27, D. XXVI. 7. — L. 7, § 3 XLVI. 4).

Nous allons voir maintenant comment fut successivement modifiée par différentes constitutions, la condition des mineurs de vingt-cinq ans :

1° La constitution de Marc-Aurèle qui établit une niratelle générale ;

2° Le sénatus consulte de septième. Sévère sur l'aliénation des biens fonds ;

3° La constitution de Dioclétien et Maximien qui forme la loi 3 au Code *de in int. rest.*

La *restitutio in integrum* si énergique qu'elle fut, n'était qu'un moyen de réparation et souvent la perte des objets aliénés jointe à l'insolvabilité du défendeur rendaient cette protection inefficace. Un remède préventif offrait de plus sérieuses garanties et il était bon de retirer un mineur pubère, sinon en droit, au moins en pratique le maniement de ses affaires. C'est ce que fit Marc-Aurèle en confiant cette administration à des curateurs généraux que tout mineur de vingt-cinq ans aurait la faculté de se faire nommer « *non redditis causis* » cela résulte clairement d'un passage de l'historien Capitolinus : « *De curatoribus vero, eum ante, non nisi ex lege Plœtoria vel propter casciviam, vel propter dementiam darentur, ita statuis ut omnes adulti curatores acciperent non redditis causis.*» Le pouvoir d'administrer appartiendra désormais au curateur, toutefois si une mode d'obligation solennelle était nécessaire, le mineur devrait agir lui-même « *consensu curatoris.* » Quant à la capacité de s'obliger spontanément et sans aucune assistance, la curatelle générale ne la faisait pas perdre. *Puberes sine curatoribus suis possunt ex stipulatu obligari.*

Ainsi : les mineurs de vingt-cinq ans trouvent et doivent recevoir un curateur qui toutefois ne leur est pas donné malgré eux (*inviti non recipient*).

Loin d'être forcée, la nomination du curateur n'a lieu en général que pour ceux qui la demandent ou la font demander, sans que personne puisse provoquer cette nomination. Cependant les mineurs ont presque toujours un curateur parce qu'ils le demandent, à l'époque de la puberté sur l'invitation précise que le testateur doit leur en adresser; de cette observation nous pouvons conclure que dans la pratique, les seuls mineurs dépourvus de curateurs généraux étaient ceux qui étaient devenus *sui juris* et n'avaient jamais été en tutelle ; ceux-ci donc pouvaient s'obliger et invoquer la restitution les premiers le pouvaient également mais de plus, ils étaient protégés par l'intervention de leurs curateurs dans la gestion générrle de leurs affaires.

Du reste nous allons voir que le droit civil, ne tarda pas à consacrer en droit *ipso jure* une protection jusqu'alors exclusivement prétorienne.

Nous voyons d'abord qu'il avait été décidé sous le règne de Claude que le mineur qui se donne en adrogation, doit être assisté de son curateur « *auctoritate curatoris.* » Or, on a changé l'ancien droit sur ce point « *mutatum est* » et l'assimilation progressive en droit civil du mineur de vinht-cinq ans au pupille, au prodique et à l'interdit, commence à s'opérer. (L. 8. D. VII. 1.)

Le pupille et le mineur sont également mis sur la même ligne par le sénatus consulte rendu sur la proposition de septième sévère, qui défend aux tuteurs et aux curateurs d'aliéner ou d'hypothéquer sans un décret du prêteur les *prædia rustica vel euburbana*.

L'empereur Constantin étendit la nécessité du décret à tous les objets appartenant au mineur (L. 22. C. *de administ.*) Si le mineur a besoin d'augmenter son crédit, il pourra après vingt ans chez les hommes, dix-huit ans chez les femmes, dépouiller sa mise en curatelle et obtenir be l'empereur ce qu'on appelle la *venia ætatis* qui le dispensait de curateurs et le privait pour l'avenir de la restitution.

Sous Dioclétien et Maximien, le droit civil continue à se transformer, car voici maintenant que le mineur en curatelle ne pourra plus s'obliger valablement et le secours de la restitution sera réservé aux obligations du mineur qui n'aura jamais a bien donner sa capacité primitive : C'est le sens évident de la loi 3 au Code *de in integ. restit.* On a voulu concilier ce texte avec la loi 101 *de verb. oblig.* qui pose en principe que les mineurs de vingt-cinq ans peuvent s'obliger *ex stipulatu sine curatoribus suis*. Les uns font valoir la règle écrite dans le Code et écartent la loi 101 en altérant le texte. Doneau ajoute arbitrairement une négation pour renverser le sens. Noodt substitue au verbe passif *obligari*, le verbe actif *obligare*, ce qui fait dire à Modestin une inutilité. Vinnius voit dans les mots « *sine curatoribus suis* » cette pensée que le *consensus* peut n'être pas concomitant à l'acte comme cela est exigé pour l'*auctoritas*. Gluck consent à ce que le mineur puisse obliger sa personne et non ses biens, mais cette distinction est impossible parce que l'obligation de faire n'a le caractère d'une obligation « *vinculum juris* » qu'en se pouvant résoudre en dommages intérêts et engager les biens. M. de Savigny ne songeant point que les Romains n'ont jamais fait produire à la vente que des obligations, applique la loi 3 à l'hypothese d'une aliénation ce que les mots *vendidisti* et *contractum* ne peuvent tolérer; du reste, le texte met le mineur dont il s'agit sur le même rang que le prodigue interdit, et il est hors de contestations que celui-ci ne peut davantage s'obliger qu'il ne peut aliéner sans l'assistance de son curateur. Nous renonçons à concilier en présence de ces tentatives infructueuses et nous pensons que le texte du Code contient un progrès législatif sur celui du digeste. Modestin aurait dit : les mineurs peuvent valablement s'obliger sans leurs curateurs, mais ils ont la ressource de la restitution, les empereurs furent frappés de cette anomalie que celui qui ne doit pas administrer puisse cependant s'obliger, ils firent dans la condition des mineurs de vingt-cinq ans ce qui s'était produit très rapidement dans celle des prodigues interdits et proclamèrent la nullité *ipso jure*, non pas seulement de l'obligation mais de l'obligation elle-même. Le progrès est facile à saisir, car la restitution est un remède incertain qui n'est accordé que dans un temps donné pour des circonstances particulières et sous l'appréciation personnelle du prêteur (L. 2. C. *qui legit. pers.*— L. 26 C. *de adm. tut.* — L. 60 ; 61 *de jure dot.* Si le jeu de la restitution était ainsi restreint d'un côté par l'évolution du droit civil, il prenait une extention exagérée en s'appliquant à effacer d'une part pour les impubères, le préjudice résultant des actes faits par leurs tuteurs soit en administrant, soit en conférant leur *auctoritas*, et d'autre part pour les mineurs de vingt-cinq ans, le préjudice résultant des actes faits par leurs curateurs dans l'exercice de leur administration. Cela n'a lieu naturellement que si le tuteur ou le curateur s'est rendu coupable de négligence et que la lésion éprouvée par le mineur n'est pas exclusivement accidentelle.

CONDITIONS DE LA RESTITUTION

Pour que la demande en restitution soit fondée, il faut que le mineur, par suite de son inexpérience ou de sa légèreté, *propter œtatis lubricum* ait éprouvé une lésion, conséquence d'un fait juridique. Le magistrat devra examiner *uti quœque res erit*, et il verra ce qu'exigent, dans les circonstances de chaque affaire, l'équité et le juste intérêt de celui que l'édit a voulu protéger. La lésion consiste dans toute diminution du patrimoine. Peu importe que cette diminution provienne de la perte d'un droit ou seulement des modifications que ce droit subit dans ses qualités, comme par exemple, lorsque certain et incontestable, il devient éventuel ou litigieux. Sa poursuite, en effet, coûte toujours des frais et des désagréments et expose à la perte d'un procès « *cum intersit eorum litibus et sumptibus non vexari.* (L. 40, IV, 4.) La lésion ne doit avoir pour cause que le fait contre lequel le mineur veut se faire restituer. Si, en effet, le préjudice souffert n'est pas une suite directe de ce fait, s'il ne résulte que d'événements ultérieurs, il n'y a pas de lésion et le mineur n'est pas restituable. Le mineur n'obtiendra pas la restitution, s'il achète un esclave et que cet esclave vient à mourir, si cet achat était nécessaire (l. 11, § 4 et 5, IV, 4.) Mais nous ne donnerions pas la même solution s'il avait échangé un fonds contre un esclave à peu près de même valeur et ne lui étant pas indispensable. Les chances de perte sont, en effet, plus nombreuses pour un esclave que pour un fonds.

Pour donner lieu à la restitution, la lésion doit avoir une certaine importance : « *de minimis non curat prætor.* » Cette doctrine est proclamée dans plusieurs textes. Est-il juste, en effet, de rescinder pour un intérêt nul, un acte valable en droit, quand cette rescision doit apporter à la partie qui a contracté de bonne foi avec le mineur, un préjudice considérable « *grande damnum ?* » Quand il s'agit du droit commun, le juge doit tenir compte du plus petit intérêt. Mais ici, il s'agit d'un privilége spécial, donné précisément contre le droit commun. C'est, d'ailleurs, un point laissé à l'appréciation nécessairement relative du magistrat « *totum enim hoc pendet ex prœtoris cognitione* » (l. 24, § 5, IV, 4) Tout dépend du bon plaisir du magistrat, car le prêteur ne dit pas « *judicium dabo,* » mais il dit : « *animadvertam uti quœque res erit,* » il se réserve une autorité absolue et discrétionnaire à ce sujet.

Pour qu'il y ait lieu à restitution, il faut que le fait juridique cause de la lésion, soit librement consenti et ne consiste pas dans une obligation légale. Si le mineur a agi sous l'empire du droit commun, il ne pourra pas obtenir la restitution, bien qu'il éprouve un p.éjudice « *non enim deceptus videtur jure communi usus.* » Ainsi, le mineur créancier qui divise son action contre chacun des fidéjusseurs solvables, ne pourra se plaindre de l'insolvabilité postérieure de l'un de ces fidéjusseurs, car le rescrit d'Adrien l'obligeait à cette décision (l. 51, § 4, XLVI, 1.)

Je rattache encore à cet ordre d'idées, l'explication de la loi 38 *de min.* et de la loi 2 au Code *si adv. vend. pign.* En effet, le mineur doit subir absolument toute situation juridique qui ne lui a pas été faite à lui-même originairement, mais qui lui est transmise dans une universalité de biens dont il est investi. Si cette situation juridique comporte quelque

lésion, c'est un majeur que cette lésion a frappé tout d'abord ; originairement, elle n'a pu motiver une restitution, et elle conservera son inertie alors même qu'elle reposera par voie de transmission héréditaire ou autrement, sur la tête d'un mineur. Décider autrement, serait une iniquité flagrante à l'encontre de celui qui, ayant contracté régulièrement avec un majeur a eu juste sujet de compter sur la validité de la convention et de ne rien redouter du préteur. Sa sécurité se trouverait trahie par ce hasard que l'héritier de son contractant serait mineur de vingt-cinq ans, circonstance indépendante de son faite et complètement étrangère à ses prévisions : Dans les deux textes que nous citons, on suppose une clause commissoire, encourue par le mineur, ou une *distractio pignoris*, effectuée contre lui, le mineur demande à être restitué ? — Le droit romain fait alors une distinction : Qui a constitué le gage ou consenti la clause. Est-ce le mineur ? — Point de doute qu'il n'ait la restitution : Est-ce le père ou celui dont le mineur est l'héritier externe ? — La situation lui est transmise dans une universalité de biens, elle s'impose à lui telle qu'elle est, et si le créancier ne fait qu'user régulièrement de son droit, la restitution au profit du mineur est impossible.

Si, cependant le créancier vend irrégulièrement, *si pignora non ita ut oportuit a creditore distracta sunt*, si le créancier a vendu les gages d'une façon intempestive, s'il a vendu dans de mauvaises conditions, s'il s'est montré négligent ou de mauvaise foi, la lésion frappe ici directement et originairement le mineur et le jurisconsulte Paul (Sentences liv. I, titre IX, § 8) accorde la restitution au mineur bien que la constitution de gage émanât du père ; — et sa décision ne contredit en rien ce qu'il dit au Digeste dans la loi 38, où il refuse la restitution, non pas contre les conséquences irrégulières du gage ou de la clause commissoire, mais contre la convention ou la constitution de gage elles-mêmes, « *si pater, sed non ipse (minor), contraxerat.* »

Mais, dira-t-on, le mineur avait sans doute l'action *pigneratitia contraria* pour se faire indemniser de la négligence ou de la mauvaise foi du créancier, et la fin de la loi 2 au Code *si adv. vend. pign.* lui refuse la restitution précisément pour ce motif. « *Ipsum magis, vel tutores, vel curatores vestros, qui hanc rem venum dari passi sunt, convenire debes ;* dès lors, pourquoi la restitution ? Y a-t-il antinomie, et le Code nous indiquerait-il la trace d'un changement de législation sur le droit du Digeste. Nous ne le pensons pas, car le texte de Gordien prévoit l'hypothèse où le créancier vendeur de mauvaise foi est parfaitement solvable, tandis que Paul prévoit probablement l'hypothèse contraire. La restitution, en effet, n'atteindra les tiers que s'ils ont été de complicité dans la mauvaise foi du créancier (L. 2. C. *de prædiis et aliis rebus*) ou si le recours du mineur contre le créancier vendeur est resté inefficace à raison de son insolvabilité. En définitive cette différence existera toujours entre le mineur héritier du contractant et le mineur qui a contracté « *ipse* » que dans ce dernier cas, la restitution pourra faire disparaître le droit de gage lui-même et constituer le mineur à l'état de débiteur pur et simple vis à vis le ci-devant créancier-gagiste, tandis que la restitution accordée dans la seconde hypothèse ne fera disparaître qu'une seule chose : la vente du gage, la *distractio pignoris*; mais sans anéantir le droit réel du créancier sur la chose, il y aura lieu de recommencer la vente, du gage dans de meilleures conditions, à moins que le mineur ne se libère pour le faire rentrer entre ses mains.

La lésion qui donne lieu à la restitution peut provenir de trois sources différentes, un acte, une omission et la cessation d'un *lucrum*. Le mineur est restitué, non-seulement contre les obligations auxquelles il se soumet, non-seulement contre ce qui sort de son patrimoine, mais aussi contre ce qu'il néglige d'y faire entrer (L. 44 *de min.) Si ab aliis circumventi, vel sua facilitate decepti, aut quod habuerunt, amiserunt, aut quod adquirere emolumentum potuerunt, omiserunt. aut se oneri quod non suspicere licuit obligaverunt* et plus loin dans la loi 7 § 6, Ulpien s'exprime ainsi « *hodie certo jure utimur ut et in lucro minoribus subveniatur.* »

On a prétendu que la règle inverse était admise pour

les autres motifs de restitution, et l'on argumente
en ce sens de la loi 18 *ex quib. caus.* Les absents,
dit ce texte, ne sont restitués que s'ils cherchent à
ne pas s'appauvrir « *in quibus rei duntaxat per-
sequendæ gratiæ quæruntur* » mais le texte se
rectifie et se complète parce qu'il ajoute « *non cum
et lucri faciendi ex alterius pœna vel damno.* »
Ce sont ces derniers mots qui doivent établir la con-
ciliation et mettre sur la même ligne les mineurs et
les absents quand il s'agit de les restituer contre la
cessation d'un *lucrum.* La loi 27 *ex quib. caus.*
est plus formelle encore « *et sive quid admiserit,
vel lucratus non sit, restitutio facienda est
etiamsi non ex bonis quid admissum sit.* Cujas
et après lui M. de Savigny ont adopté cette concilia-
tion. Voici quelques applications de cette idée que
le mineur ou l'absent ne sont restituables contre le
défaut de gain que si le gain non réalisé ne doit pas
être pris sur les biens déjà acquis à un autre :

Le mineur de vingt-cinq ans ne peut se faire restituer pour recouvrer une action pénale qui aurait
pour but de l'enrichir en appauvrissant le défendeur
(L. 37 *min*). Il ne peut se faire restituer à l'effet
d'obtenir les intérêts d'un *fidei commis courus ex
mora* lorsque le retard ne vient pas de la faute de
l'héritier institué (L. 17. § 3 *de usuris*). Dans le
même ordre d'idées, l'absent ne peut se faire restituer contre le non-accomplissement d'une usucapion
qu'il aurait achevée à supposer qu'il eut été présent
(L. 20, *ex quib. caus.*)

2

Voyons maintenant en parcourant quelques textes quelles lésions diverses peuvent donner lieu à la restitution ?

Dans la matière des droits réels, la lésion peut consister dans une usucapion accomplie par un tiers un préjudice du propriétaire ou bien dans la perte d'une servitude par le non-usage (L. 45. *de min.* L. 1. § 1 *ex quib. caus.*), elle peut consister également dans la perte de la faculté de réclamer dans le délai voulu la *bonorum possessio*.

La matière des obligations abonde en causes de restitution fondées sur la lésion dans les cas de vente et de *mutuum*, et plus facilement dans la seconde hypothèse que dans la première (L. 24. § 4, IV. 4.) On en trouve encore de nombreux exemples dans le cas de cautionnement de la part du mineur (L. 50, IV. 4.), de compromis (L. 34. § 1.), de novation désavantageuse (L. 7. § 3.), d'acceptilation *sire causa* (L. 27. § 2 et 3), de dation en paiement d'une chose ayant une valeur supérieure à celle de la somme due et la loi 40 § 1 ajoute que les intérêts seront calculés et mis en compensation avec les fruits perçus par le créancier sur la chose donnée en paiement jusqu'à due concurrence. Le droit de succession qui dans son ensemble comprend les droits réels et les obligations permet à l'héritier de revenir au moyen d'une restitution contre la répudiation d'une hérédité avantageuse « *si quidem omnia in integro sint* (L. 24 § 2) et contre l'inaccomplissement de la condition potestative sous laquelle, il avait été institué. (L. 3. § 8). On pourrait également revenir en invoquant la minorité contre une adition préjudiciable.

Le droit de la procédure est fécond en applications de ce genre, principalement sous l'empire du système formulaire à raison des formes rigoureuses dont l'omission entrainait déchéance ; mais dans la procédure extraordinaire, nous trouvons encore des mineurs restitués contre un défaut de production de pièces, contre la déchéance du délai d'appel, contre l'inexécution des ordres du juge, contre la désertion de l'instance, l'aveu fait ou omis, la délation de serment, le défaut prononcé (L. 7. § 4, 11 et 12. L. 8 ; L. 9. § 2. L. 18 ; § 1 et 2). Nous trouverons enfin, des mineurs restitués non-seulement contre une sentence mais aussi contre une autre restitution. Cela s'expliquait aisément quand l'appel n'existait pas, mais depuis Auguste, on peut s'étonner que l'*ultimum subsidium* prétorien ait pu s'appliquer à l'anéantissement d'une sentence ou d'une restitution antérieure ? — La réponse est que l'appel est motivé sur l'injustice de la sentence, tandis que la restitution s'appuie sur l'inhabileté de celui qui réclame et sur le préjudice qu'il souffre. Si en effet, le mineur avait été plus prévoyant et plus expérimenté, il aurait conduit plus habilement le procès et il aurait obtenu peut être une décision différente. Il n'est donc pas étonnant que l'homologation donnée à un acte par l'autorité judiciaire n'empêche pas en principe la demande en restitution et qu'on ait même accordé au mineur dont les offres aux enchères ont été couvertes, le droit de se faire restituer, en prouvant qu'il avait intérêt à acheter la chose; par exemple, parce qu'elle avait appartenu à ses ancêtres. Il en résulte même, comme nous venons de le faire remarquer, qu'une première restitution obtenue peut en motiver une nouvelle pour faire annuler la précédente. Cependant cette seconde restitution n'est pas toujours nécessaire. Si la première n'a encore produit aucun effet, celui qui l'a obtenue peut n'en tenir aucun compte, et repousser par une simple exception son adversaire se prévalant par voie d'action de l'état de droit estu de cette restitution « *quia unicuique licet contemnere hæc quæ pro se introducta sunt.* » (L. 41. IV. 4.) Le préjudice résultant d'un refus de restitution ne peut être réparé que par la voie de l'appel; toutefois une seconde demande serait admissible si elle était fondée sur une cause nouvelle, car en réalité on ne peut pas dire en ce cas qu'il y a déjà eu chose jugée contre le mineur. (L. 7, § 9. L. 38, *de min.* L. 3, *si sæpius*, C. II. 44.)

Dans le droit de famille, l'adrogé mineur peut se faire restituer contre la *capitis minutio* qu'il a subie lorsqu'il prouve que cette adrogation lui est préjudiciable. (L. 3. § 6; *de min.*)

CAS OU LA RESTITUTION EST EXCLUE

Il existe une dérogation nécessaire au principe de la restitution, toutes les fois qu'il s'agit de faire révoquer un acte qui de sa nature est irrévocable; c'est ainsi qu'elle est inadmissible contre un affranchissement consommé « *adversus libertatem minori a prætore impossibile est.* (L. 9. § 6.)

Toutefois, si l'affranchissement ne s'était pas opéré très-régulièrement « *jure optimo* » l'affranchi devra, pour conserver la liberté « *viginti aureos dependere* » c'était là sans doute, la valeur moyenne d'un esclave. Quoiqu'il en soit, le mineur de vingt-cinq ans avait toujours quelque moyen de se faire indemniser de la lésion qu'il éprouvait à raison d'un affranchissement; s'il avait été circonvenu par l'esclave, il avait, ou tout au moins pouvait avoir l'action *de dolo* (l. 31. *de min.* — L. 7, *de dolo malo.* — L. 1, 2, 3, *si adv. libert.*) L'esclave sera même tenu de ses délits ou quasi délits quand ils se seront continués depuis son affranchissement. (L. 10, *C. de admin. tut.*) Si la liberté déjà donnée n'admet pas de restitution, il en est de même de la *maxima capitis minutio* encourue; ce principe est indiqué dans un texte de Papinien rapporté par Ulpien : *Si major annis minor vigintiquinque se in servitutem venire patiatur, non solere restitui.* La loi 11 § 1 ; IV, 4, semble en contradiction avec ce principe ; ne pouvant accepter qu'Ulpien ait émis deux opinions opposées, on a corrigé le texte et changé les mots *se vendiderit* par ceux-ci *servum vendiderit* (*se* pour *serv.* abréviation usitée pour *servum*) et on a construit une hypothèse très-facile et parfaitement en harmonie avec la seconde partie du texte. Nous pensons cependant qu'on peut donner à cette loi un sens très-satisfaisant en la maintenant telle quelle est. Pourquoi un majeur de vingt ans si on ne s'en réfère à la vente qu'il fait de lui-même *ea lege ut manumitteretur?* si le mineur attend l'échéance, la liberté lui appartiendra de plein droit et il deviendra *libertus*, point de restitution possible contre la perte de la qualité d'ingénu ; si le mineur demande la restitution avant l'échéance, elle ne lui sera accordée que difficilement « *non solet restitui* » mais s'il l'obtient, il sera *ingenuus* comme si la vente n'avait pas eu lieu. A l'inverse, si le mineur de vingt-cinq ans a acheté un majeur sous la condition de le restituer, la restitu.ion contre cette clause d'affranchissement sera impossible, si l'é-chéance a donné à ce majeur la liberté de plein droit ; (l. 3. D. *qui sine manumissione*) mais avant l'échéance, la restitution sera possible pour le faire considérer comme ayant vendu purement et simple-ment.

Si un majeur de vingt ans accepte un legs qui lui est fait sous la condition d'un affranchissement, il pourra se faire restituer contre l'acceptation de ce legs et il ne sera pas obligé de donner la liberté à l'esclave. (L. 33. *de min.* IV. 4.) La solution est la même au cas où un esclave réclamant la liberté que le défunt lui a laissée par fideicommis, a triomphé. (L. 4, *si adv. lib.* C. II. 31.) Le juge n'a pas pu donner la liberté et la restitution est accordée contre la sentence et non contre la liberté, car, nous le supposons, l'affranchissement n'a pas eu lieu encore.

La restitution ne peut davantage se produire sur un fait qui constitue un délit ou un dol en matière de contrats. « *Non sit excusatio adversus prœcepta legum ei qui dum leges invocat, contra eas committit* » l'âge ne peut être pris en considération que pour atténuer. (l. 37 § 1, *de min.* — L. I. C. *si adv. delict.*) Si le mineur ne peut pas être restitué contre le délit en lui même, s'il a encouru la peine de l'*inficiatio*, « *ne dupli teneatur*, dit Ulpien, *in hoc solum restituendus est, ut pro confesso habeatur.* » Il faut, du reste, pour que la déchéance se produise, un délit d'une certaine gravité. (L. 37. *de min.*); s'il n'y avait qu'une simple *culpa* sans intention frauduleuse « *si tamen delictum non ex animo, sed extra venit, minoribus in hac causa in integrum restitutionis auxilium competit.* » C'est ainsi que le mineur sera restitué contre le délit de douane s'il est exempt de dol. Ainsi, dans la loi 9 § 3, si la restitution n'est pas admise contre l'*actio legis Aquilæ*, c'est que le dommage a sans doute été causé par malice; si la restitution est également refusée à une femme *qui culpa divertit*, c'est que la *culpa* dont il s'agit est ici caractérisée par une suite de manœuvres frauduleuses, c'est un délit et un délit fort grave « *delictum enim non modicum.* » C'est par application de cette idée que la restitution n'est pas possible contre les conséquences de l'adultère commis par un mineur de vingt-cinq ans ; elle ne serait pas non plus accordée au mari qui aurait laissé passer le délai de soixante jours pendant lequel il aurait pu accuser sa femme d'adultère sans s'exposer à la peine de la *calumnia*, « *quód jus omissum si nunc repetere vult quid aliud quam delicti veniam, ib est calumniæ deprecatur ?* » Quant à l'inceste, la légèreté de l'âge jointe à l'erreur était une cause d'excuse, Marc-Aurèle et Lucius-Verus l'avaient décidé ainsi ; dans le même sens, une constitution des empereurs Valentinien, Théodore et Arcadius exempte les mineurs de vingt-cinq ans « *ætatis lubrico* » des conséquences de l'inceste qui étaient d'attribuer au fisc les libéralités réciproques entre conjoints incestueux. (L. 4. C. *de incest.*) La même déchéance s'applique en matière de contrat lorsqu'il y a dol de la part du mineur ; c'est ainsi que la restitution est inadmissible contre l'acte dans lequel un mineur de vingt-cinq ans s'est frauduleusement fait passer pour majeur « *cum malitia suppleat ætatem* » il faut en dire autant du mineur de vingt-cinq ans, majeur de vingt ans qui s'est laissé vendre pour partager le prix avec le vendeur. *(L. 9, §. 4, de min.)*

Mais si le mineur qui a pris la qualité de majeur

de vingt-cinq ans était exempt de fraude, il pourrait invoquer la restitution, « *quod si per injuriam vel circumventionem adversarii hoc fuerit factum, durabit beneficium.* » (L. 3. § 6 *si minor se majorem*) et le rescrit ajoute que du moment ou un mineur aura affirmé par serment qu'il était majeur, il sera privé du bénéfice de la restitution « *nisi palam et evidenter ex instrumentorum probatione non per testium depositiones te fuisse minorem ostenderis.* » Nous trouvons encore dans le même sens un rescrit d'Alexandre Sévère qui forme la loi 1. C. *si adv. vend.*

Dans le dernier état du droit, il n'y a plus de restitution en matière de prescription. Par une constitution insérée au Code, Justinien décide que les prescriptions qui, autrefois, couraient contre les majeurs mais pouvaient être effacées par la restitution, seront désormais suspendues à leur profit « *meliùs est enim intacta eorum jura servari quam post causam vulneratam remedium quærere* » La même constitution déclare qu'il n'est rien innové relativement aux prescriptions de trente ou de quarante ans. Ces dernières continuent à être régies par les dispositions de Théodose II, elles ne sont pas suspendues au profit des mineurs et ne donnent pas lieu à la restitution ; il en était de même de l'action *de statu defuncti* qui durait 5 ans et de l'exception non *numeratæ dotis* qui durait 10 ans (L. 6. C. VII. 21. L. *Si minor*. C. II, § 3.)

Le mineur enfin n'est pas restitué contre les actes

postérieurs à la concession qui lui a été faite par le décret de l'empereur de la *Venia œtatis* (l. 3. C. *de his qui veniam.*) il peut l'être cependant contre la *venia œtatis* elle-même et contre l'aliénation de ses biens autorisée par un décret du magistrat. Constantin avait étendu aux femmes le rescrit de Septime-Sévère et Justinien l'avait encore étendu généralement à tous ceux qui avaient obtenu la *Venia œtatis.*

QUI PEUT DEMANDER LA RESTITUTION.

La restitution profite en première ligne au mineur de vingt-cinq ans, victime d'une lésion. Cette proposition, absolue à l'égard d'un mineur *pater familias* comporte à l'égard du *filiusfamilias* la distinction suivante : Elle ne sera accordée qu'autant que ce ne sera pas au profit du père. En revanche le mineur *filiusfamilias* se ferait fort bien restituer contre la répudiation d'un legs ou d'un fideicommis dont il n'eût du profiter qu'après la mort de son père. Il en serait de même à l'égard de tout autre droit essentiellement attaché à la personne comme un *jus militæ « interfuit emis non capi cum hanc patri non adquireret, sed ipse haberet* (l. 3 § 6 *de min.*)

La dot était considérée, durant le mariage comme le patrimoine propre de la fille, celle-ci avait en effet non-seulement une créance éventuelle de la restitution, mais encore, il y avait pour elle, avantage actuel à être dotée, la dot étant destinée à subvenir à ses propres besoins comme à ceux de son mari et de ses enfants ; lors donc qu'elle se trouvait placée sous la puissance paternelle et que par un acte quelconque, elle compromettait ce patrimoine qui lui était propre, elle pouvait se faire restituer sans craindre que cette restitution profitât au père (l. 3 D. § 5 *de min.*) La décision est la même, si le fils mineur a manqué d'acquérir une chose qui serait entrée dans le pecule castrens (l. 3, § 10 *de min.*) Bien mieux, le père peut toujours après la mort de son fils obtenir la restitution, dans tous les cas ou celui-ci aurait été restituable au sujet de ce pécule.

On sait que le *filiusfamilias* lorsqu'il a contracté des obligations peut être poursuivi et condamné pendant qu'il est *alieni juris* et que devenu *sui juris*, l'action *judicati* peut le forcer d'exécuter la condamnation prononcée contre lui « *in id quod facere potest.* » On sait aussi que le père peut à raison de semblables obligations être poursuivi *quod jussu*, *de peculio* et s'il a tiré quelque profit personnel, *de in rem verso*. Que se passera-t-il s'il y a lieu à restitution ? — Si, le fils lui-même est actionné, il pourra être restitué, mais si le créancier agit contre le père, celui-ci ne pourra demander la restitution. Ce principe tiré de la loi 3 et 4 *de min*, n'est pas en harmonie avec la loi 27 pr. du même titre ; dans ce dernier texte, Gaius pose en principe que la restitution appartient au père du chef de son fils dans tous les cas, bien que le fils lui-même ne se fasse pas restituer, le jurisconsulte part de cette idée que la condition du père relativement au pécule, ne peut être détériorée par les actes du fils. La divergence entre les deux lois précitées, s'explique par une controverse qui avait existé entre les jurisconsultes et dont on trouve la trace dans ces mots d'Ulpien. « *Ego vero veris simam arbitror sententiam existimantium*, » et il établit que le père ne pourra invoquer la restitution ni contre l'action *quod jussu* dans une hypothèse, ni contre l'action *de peculio* dans l'autre. Ulpien se place dans l'hypothèse où le fils s'est obligé avec l'ordre de son père et il dit : « *Si filius conveniatur, postulet* » auxilium, si *patrem conveniat creditor auxilium cessat, excepta mutui datione in hâc enim si jussu patris mutuam pecuniam accepit, non adjuvatur*, » c'est-à-dire que si le fils a emprunté de l'argent de l'aveu du père, il ne pourra pas être restitué. Qu'on ne repousse pas cette interprétation en disant que cela était inutile à dire car si en principe, le fils n'est pas obligé, l'exception du sénatus-consulte macédonien cesse de le protéger quand il a contracté «*jussu patris* » or, le droit commun, lui faisant défaut, on pourrait le demander si l'*auxilium* prétorien peut le garantir contre l'action du créancier. (L. 3,pr. L. 12. L. 7. § 12 *ad S. C. Maced*). Nous pensons que c'est à cette question précisément que l'exception

insérée dans la loi 3 et 4, donne une solution· négative. *non adjuvatur*. Cette exception se justifie par
une raison d'équité toute naturelle qui n'a pu toucher
M. de Savigny. Pour interpréter le passage que nous
discutons ce jurisconsulte raisonne ainsi : On ne peut
rattacher à la phrase incidente « *postulet auxilium*
l'exception dont il s'agit, mais à celle qui précède
immédiatement « *auxilium cessat;* » or l'exception signalée doit être en sens inverse de la règle; il
supprime la négation et il lit « *adjuvatur* » puis il
la transporte un peu plus haut et il lit : « *si (non)
jussu.* » Ces corrections fournissent le sens suivant :
si le fils a emprunté sans l'ordre du père, celui-ci
peut repousser l'action *de peculio* en invoquant le
sénatus-consulte, M. de Savigny a désormais à ré-
pondre à deux arguments :

1° L'économie du texte ;

2° Un rescrit de Gordien qui forme la loi 2 au Code
de *filiofamil. min.*

L'économie du texte semble indiquer qu'à partir
du second *proinde*, le jurisconsulte reprend l'hypothèse d'une obligation ordinaire contractée *sine
jussu patris* par opposition à celle qu'il a discutée
primitivement et dans laquelle il traitait d'une obligation contractée *jussu patris* et où il mentionnait
incidemment l'exception relative au *mutuum.* On
ne peut comprendre qu'Ulpien n'ait pas renvoyé à
la seconde hypothèse la question de savoir quel
serait le sort du *mutuum* contracté *sine jussu
patris?* — M. de Savigny prétend qu'à partir du

second *proinde*, Ulpien continue la supposition
d'un *mutuum* intervenu *sine jussu patris*, «si le
« père est actionné, dit-il, on conçoit que le fils ne
« soit pas restitué puisqu'il n'est pas mis en cause,
« mais si le père ne veut ou ne peut user du séna-
« tus-consulte, la perte alors n'en sera pas moins
« supportée par le fils et le juris consulte Romain ne
« parait pas ému de ce résultat, car l'intérêt du fils
« sur le pécule est plutôt un fait qu'il n'est un droit. »

Dans la loi 2 au Code *de filiofam. min.*, l'empereur Gordien se fonde sur ce que l'emprunt a été
contracté sans l'ordre du père pour accorder au fils
la restitution « *nec jussu patris, nec contra sena-
tus consultum* »; n'est-ce pas à dire que ces deux
conditions n'étaient pas remplies, si par exemple, le
fils avait contracté *jussu patris*, la restitution serait
impossible? C'est donc avec raison que Cujas a vu là
une dérogation aux rigueurs du senatus-consulte
Macédonien et aux principes généraux en matière
de restitution. M. de Savigny repousse cet argument *a contrario* par cette observation que les
conditions exprimées dans la décision d'un rescrit
ne sont souvent que la reproduction des faits expo-
sés à l'empereur, et cela ne veut pas dire que sans
ces conditions, la décision cesserait d'être vraie.

Pour nous, la raison de prendre parti n'est pas
uniquement dans la physionomie du texte; M. de
Savigny le plie fort ingénieusement à son opinion,
elle est plutôt dans la vraisemblance, même dans
l'équité saisissante de cette exception aux rigueurs

dont le sénatus-consulte frappe le créancier. On comprend que celui qui a prêté à un fils, pourvu de l'autorisation paternelle, soit traité avec une certaine faveur ; la présomption n'est pas qu'un père de famille soit aussi inconsidéré qu'un mineur et qu'il se soit laissé guider par les inspirations de son fils et par celles de l'égoïsme.

Nous voyons bien qu'en général Ulpien n'admet pas cet ordre d'idées, puisque dans le même paragraphe, il accorde au fils la restitution contre l'obligation consentie *jussu patris*, mais il signale une exception et il est bien naturel que nous l'interprétions en sens inverse de la règle.

La restitution peut-être demandée par d'autres personnes que le titulaire du droit : 1° par les successeurs à titre universel du mineur, qu'ils soient revêtus de la qualité d'héritiers, de fideicommissaire ou de toute autre (L. 3 § 9, *de min.* — L. 6 D. *de in int. rest.* — L. 18 § 5 D. *de min.*) 2° par un cessionnaire à titre particulier (L. 24 pr. *de min*) et par un mandataire muni d'une procuration spéciale (L. 20 § 1 *de min.*) ; 3° par un mandataire général à cette condition qu'il donnera la caution *rem ratam dominum habiturum.* 4° par les fidéjusseurs du mineur, car Ulpien y fait allusion dans la loi 3 § 4 en ces termes : « *hoc auxilium interdum fidéjussori ejus prodesse solet* » le fidéjusseur sera quelquefois restitué, mais ce n'est point là qu'est le principe et nous allons rechercher quelles distinctions il faut faire pour abandonner ou refuser au

fidéjusseur du mineur le bénéfice de la restitution.
Le mineur dont l'obligation est garantie par une
caution est également protégé par la restitution contre l'action du créancier et contre le recours du débiteur accessoire qui aurait acquitté la dette. La
question se réduit donc à savoir qui doit, en définitive, supporter la perte. Est-ce le créancier? est-ce
la caution ? *in summâ, perpendendum erit præ-
tori, cui potius subveniat, utrum creditori an
fidejussori: nam minor captus neutri tenebitur*».
Ce préteur dans sa *causæ cognitio* n'hésitera pas
à se prononcer contre le fidéjusseur toutes les fois
qu'il aura garanti le danger résultant pour le créancier de l'âge du débiteur. Si donc l'état du débiteur
est bien connu, on devra présumer que le fidéjusseur a voulu mettre le créancier à l'abri de l'éventualité d'une restitution, et par conséquent il ne
pourra se faire relever de son engagement. Aussi,
deux lois au Code posent-elles, en règle générale
que la caution d'un mineur ne peut profiter de la
restitution accordée *ætatis beneficio* au débiteur
principal.

Paul dans ses sentences enseigne la même doctrine : « *qui sciens prudensque se pro minore
obligavit, si id consulto consilio fecit, licet
minori succurratur, ipsi tamen non succur-
retur.* » M. de Savigny pense que de la loi 7, *de
exceptionibus*, il résulterait ceci : que le fidéjusseur
intervenu pour garantir l'obligation d'un mineur qui
aurait été lésé indépendamment de toutes manœu-

vres frauduleuses « *sine dolo deceptus in re* »
ne·peut s'adresser *de plano* au préteur pour demander de son chef la restitution, mais qu'il en profite indirectement par voie de conséquence si le mineur l'a demandée ; en cas de refus du mineur d'invoquer la restitution , le fidéjusseur pourrait con-
traindre le mineur à la lui céder et l'opposerait
ensuite au créancier (arg. d'analogie tiré de la loi 24,
pr. *de min.)* Notre savant maître M. Machelard
pense que ces mots « *nec fidejussori danda est
exceptio* » contiennent tout simplement le principe
de l'article 2012 de notre Code Napoléon qui consi-
dère comme purement personnelle, l'exception déri-
vant de la minorité. On a quelquefois invoqué les
lois 89 *de adquirenda vel omitt. hered.* et
51. D. *de procurat.* pour soutenir que le fidéjusseur devrait régulièrement participer au bénéfice
de la restitution. Nous n'y voyons au contraire que
l'application des principes généraux; il·y est question
de fidéjusseurs intervenus pour garantir exclusivement la solvabilité du mineur sans s'inquiéter en
rien de son âge et de l'éventualité d'une restitution
« *sine contemplatione juris prætorii.* »

Dans le premier de ces textes, Scœvola admet que
si un pupille, après s'être immiscé, obtient la faculté
de se retirer , les fidéjusseurs qu'il aurait fournis
pour des dettes héréditaires, devraient être déchar-
gés. Cette décision se comprend aisément, les fidéjusseurs dont il s'agit n'ont pu se défier d'une restitution pour cause de minorité , c'est un majeur, le
tuteur, qui a fait faire immixtion au pupille, les fidé-

jusseurs ont dû croire la succession bonne et compter sur un recours contre le débiteur, ce n'est point le mineur en tant que mineur, c'est le mineur en tant qu'héritier, qu'ils ont voulu cautionner. Dans la loi 51 *de procurat.* Ulpien dit qn'un mineur de vingt-cinq ans n'est pas un *defensor idoneus* parce qu'il a le droit de se faire restituer ainsi que ses fidéjusseurs. Nous croyous que dans l'espèce, il n'y a pas eu *res in judicium deducta* et que celui qui a plaidé contre un pareil *defensor* pourra renouveler son action sans avoir à craindre l'exception *rei judicatœ* (l. II, § 7, *de excep. rei judicat.*) Quant aux fidéjusseurs qui auraient promis *judicatum solvi,* la restitution se conçoit à leur profit s'ils ont cautionné par ignorance de l'état de minorité du *defensor,* Ulpien l'admet comme possible et non comme nécessaire. C'est ainsi que M. Machelard expose ces deux textes (obligations naturelles, pages 260-261.) Mais nous pensous qu'ils ont une portée plus absolue et que la distinction du principe général n'y est nullement indiquée, Ulpien pose nettement un mineur de vingt-cinq ans en situation, et le fidéjusseur pourra toujours être restitué. Il faut donc nous en rapporter à l'explication ingénieuse fournie par Pothier, sur l'exception rencontrée dans ces deux lois (Poth. Pand. t. 1, p. 171, n° 58). « *Prodest minoris restitutio ejus fidejussori, cum fidejussit pro eo non simpliciter, sed tanquam certam assumente personam; puto tanquam pro herede. Cum enim minor hanc heredis personam per restitutionem deponit,*

corruente causa propter quam unice adhibi-
tus erat fidejussor, corruit obligatio fidejusso-
ris. Idem dicendum de iis qui pro minore fide-
jussissent tanquam assumente personam defen-
soris. » Pour discréditer et combattre l'opinion de
Pothier, on a prétendu qu'en la généralisant, les fidéjusseurs seraient toujours restituables, mais on
confond le cas où le mineur prend une qualité qui
lui est propre, celle de débiteur par exemple, avec
le cas où Pothier justifie l'exception, le mineur assu-
mant une personnalité qui n'a pas d'abord été la
sienne *« certam assumente personam »* celle du
de cujus dans la première hypothèse, celle du tiers
appelé en justice dans la seconde. Au fonds l'opinion
de Pothier et celle de M. Machelard s'accordent sur
ce point que le fidéjusseur ne sera secouru qu'autant
qu'il sera intervenu *sine contemplatione juris-*
prætorii; seulement, celui-ci en fait une question
d'intention, tandis que celui-là voit dans les circonstances mêmes de l'espèce une présomption suffisante
que le créancier ou le demandeur a eu exclusivement en vue de se prémunir contre une insolvabilité.

Le principe reste incontesté, et nous le retrouvons
encore dans la loi 95, § 3 *de solut.* Si le fidéjusseur
du mineur devient son héritier, il y aura eu ou non
confusion, selon que l'obligation principale sera
« plenior, » ou que l'obligation accessoire aura ce
caractère, relativement à l'obligation principale ; e
par conséquent, à notre point de vue spécial, selon
que le fidéjusseur ne sera pas ou sera intervenu *cum*

contemplatione juris prœtorii. Si donc, l'obligation principale est « *plenior,* » pourvu que le débiteur principal demeure obligé, le fidéjusseur est libéré par le fait de la confusion. En effet, ajouterait-il en conservant la leçon ordinaire, pourvu qu'il soit vrai que le débiteur principal est obligé « *si reus duntaxat fuit obligatus,* » le fidéjusseur est libéré, *fidejussor liberabitur.* Cette dernière partie du texte a été corrigée par Cujas : d'une part sur l'autorité des Basiliques, il faudrait après le mot *duntaxat,* placer le mot *natura* ; d'autre part, une négation devrait précéder le verbe *liberabitur,* car les mots *è contrario* qui séparent le texte en deux parties, indiquent dans la première une solution négative sur l'extinction de la fidéjussion, puisqu'ils sont suivis d'une solution affirmative de la même question, et il lit : *fidejussor non liberabitur.* On arrive ainsi à une interprétation fort aisée et très-satisfaisante. Papinien ferait immédiatement, comme l'indique le mot *nam,* une application de cette restriction, il supposerait un *reus* qui n'est tenu que naturellement, ce qui fournirait une obligation principale dépourvue d'action « *non plenior,* » et il dirait qu'en pareil cas, le fidéjusseur reste obligé à ce titre, malgré la confusion. C'est ce qu'Africain décide dans la loi 21, § 2 *de fidej.*

Papinien examine en second lieu la solution qu'il faut donner en présence des faits suivants : un mineur de 25 ans perd l'argent qu'il a emprunté ; dans le délai de la restitution, il meurt laissant pour héritier, celui qui s'était porté fidéjusseur. Ce dernier restera-t-il tenu comme fidéjusseur, ou bien pourra-t-il en qualité d'héritier solliciter une fidéjussion, tout en échappant, à raison de la confusion, à l'obligation qu'il a prise comme fidéjusseur? La raison de douter, c'est que l'obligation du mineur ne semble pas *plenior* puisque la minorité lui donne une *defensio propria et personalis* qui ne peut appartenir au fidéjusseur et que c'est l'obligation du fidéjusseur qui semble ici jouer le rôle principal et résister par conséquent à la confusion. Papinien repousse ce raisonnement dans un cas et c'est précisément celui où le fidéjusseur est intervenu « *sine contemplatione juris prætorii.* »

Si l'on met à part l'infériorité de l'obligation de l'emprunteur résultant de la minorité, le risque à cet égard, ayant été assumé par le préteur; il est vrai de dire que l'obligation du fidéjusseur n'est qu'accessoire et peut se confondre avec l'obligation principale quand le fidéjusseur devient héritier du *reus*, d'un autre côté, ayant succédé au *reus* et jouissant de ce chef du bénéfice de la restitution il pourra se faire relever de l'obligation principale, dont il est tenu comme héritier. S'il est impossible de révoquer en doute le fonds de la décision de Papinien, il faut avouer qu'elle est exprimée d'une façon fort obscure et qu'il faut retoucher au texte pour l'interpréter. « *difficile est dicere, causam juris honoraii quæ potuit auxilio minori esse, retinere fidejussoris obligationem, quæ principalis fuit, et cui fidejussor is accessit sine contemplatione juris prætorii.* » On ne peut dire que l'éventualité d'une res-

titution doive maintenir l'obligation du fidéjusseur..
Favre veut intercaler ayant ces mots *quæ principalis fuit* toute une phrase incidente : *at non potius
solam manere minoris obligationem.* Le changement le plus simple consisterait à substituer le mot
cum à et *cui* : Papinien indiquerait d'abord le doute
où l'on peut être de considérer comme principale
ou comme accessoire, l'obligation du fidéjusseur et
il se prononcerait en ce dernier sens.

Pothier a vivement éclairé ce texte en sous
entendant *per* ou *propter* devant *causam* et sous
entendant également le mot *eam* devant ceux-ci
quæ principalis fuit ; pour être susceptible de
restitution, c'est-à-dire que l'obligation du mineur
n'empêche pas la confusion d'éteindre celle du
fidéjusseur, car l'obligation principale est celle du
mineur, et celle du fidéjusseur est restée accessoire
puisqu'il n'est intervenu que *sine contemplatione
juris prætorii.*

Si nous supposons non plus un fidéjusseur garantissant l'obligation d'un mineur mais deux cofidé-
jusseurs garantissant la même dette, et dont l'un est
majeur et l'autre mineur, nous ferons les mêmes
distinctions et nous arriverons au même résultat.
Papinien enseigne (1. 48 § 1 *de fidej. et mand.*) que
celui qui s'est porté fidéjusseur avec une femme est,
sans aucun doute, tenu *in solidum*, car il ne lui
était pas permis d'ignorer qu'une femme ne peut
faire acte d'intercession. Mais que décider relativement au cofidéjusseur d'un mineur qui a obtenu la
restitution ? Le jurisconsulte s'occupe aussi de cette

question et la solution qu'il donne n'est pas exempte
de difficultés. Cujas croit que le cofidéjusseur majeur devra acquitter la dette entière quand le mineur
est intervenu après coup, postérieurement à la fidéjussion émanée du majeur, mais que dans la pensée
de Papinien, il faudrait donner une décision contraire s'ils s'étaient obligés simultanément. La restitution obtenue par le mineur ne ferait pas perdre
alors au majeur le bénéfice de la division *propter
incertum œtatis ac restitutionis,* parce que celui-
ci a pu ignorer l'incapacité de son cofidéjusseur.
M. Machelard préfère l'opinion de Godefroy qui applique sans rien sous entendre, ces mots à l'hypothèse prévue par le texte en traduisant ainsi ; l'obligation du premier fidéjusseur ne peut s'alléger à
raison de la nouvelle parceque celle-ci émane d'un
mineur qui peut se faire restituer. Mais que décider
si les deux fidéjussions sont simultanées ? La restitution du mineur sera-t-elle préjudiciable au majeur ?
— Oui, en règle générale mais si le majeur n'a pas
connu l'âge de son cofidéjusseur, il profitera de la
restitution, et Papinien l'entend bien ainsi quand il
oppose le cofidéjusseur du mineur à celui de la
femme. Si cependant, c'est le dol du créancier qui
a décidé le mineur à se porter fidéjusseur, le majeur
ne doit pas souffrir de la restitution et il obtiendra
le bénéfice de division, le dol en effet ne doit nuire
qu'à son auteur.

Suivant Favre, l'idée de Papinien serait que si le
fidéjusseur majeur était intervenu après le fidéjusseur mineur *si post minorem* au lieu de *si posted*

minor intercessit, il serait tenu pour la totalité, son intervention trouvant sa raison d'être *propter incertum œtatis ac restitutionis*. Cette opinion a l'inconvénient de défigurer le texte. Dans une seconde opinion on remplace ces mots *si posteà* par ceux-ci : *sponte*, de sorte que Papinien ferait antithèse entre le cas où le mineur aurait accédé de plein gré et celui où il l'aurait fait *dolo creditoris*. Pour nous, Papinien indique tout simplement la distiction qui est fondamentale en cette matière : si le fidéjusseur s'est obligé *cum contemplatione juris prœtorii*, il est tenu comme si le cofidéjusseur était majeur et qu'il fut devenu insolvable, il est tenu *in solidum* ; il profitera de la restitution si, au contraire, il est obligé *sine contemplatione juris prœtorii*, sans se préoccuper de l'âge de son cofidéjusseur et n'entendant courir d'autres risques que ceux de son insolvabilité effective au moment de la *litis contestatio* et non pas ceux résultant de son insolvabilité juridique par l'effet d'une restitution

CONTRE QUI PEUT ÊTRE INTENTÉE LA RESTITUTION.

Le mineur ne peut intenter la restitution ni contre ses ascendants ni contre ses patrons. La nov. 155 ch. 1 fournit à cette règle une exception unique en faveur de l'enfant dont les intérêts sont compromis par la mère tutrice. Toutefois, il ne faut pas aller jusqu'à dire que la restitution soit impossible, même lorsque les ascendants ou les patrons n'ont pas été parties dans l'acte. C'est ainsi que la loi permet au fils émancipé de se faire restituer contre la donation de l'un de ses biens faite avec son consentement par le père à un étranger (L. 2. C. *si adv. don.*) Il faut encore observer à ce sujet que si la demande de restitution a précisément pour objet de contester et d'écarter cette qualité de *paterfamilias* ou de patron qui y fait obstacle, elle doit être admise. (L. 3. § 6 *de min.* L. 2. C. *si adv. rem judic.*) Un mineur de vingt-cinq ans ne peut invoquer la restitution contre un autre mineur que si le préjudice résultant du contrat est exclusivement de son côté ; que s'il y a préjudice de part et d'autre « *melior est causa consumentis, nisi locupletior ex hoc inveniatur litis contestatœ tempore, is qui accepit, et vel dilapidavit, vel perdidit* (L. 11. § 6 et 34 *de min.*)

Quand le privilége de la minorité se trouve en conflit avec le S. C. macédonien, il l'emporte. (L. 3. § 2. *de S. C. maced.* L. 9. pr. *de juris et facti ignorantia*). Pour le S. C. Velleien, il n'en sera de même qu'autant que le débiteur primitif sera devenu insolvable et rendra inefficace l'action restitutoire que le créancier dirigera contre lui. (L. 12. D. *de min.*)

Nous abordons ici une question qui n'est pas exempte de difficulté et qui n'a jamais été bien résolue ; Il s'agit de savoir si la restitution est *in rem* ou *in personam*, si elle n'atteint que certaines personnes déterminées, ou bien aussi des personnes indéterminées dont on ne pouvait prévoir la mise en cause à l'époque de la lésion. Paul nous dit dans ses sentences « *integri restitutio aut in rem competit ant in personam.* (Paul *Sent.* I. 7. § 4 ;) Ulpien dit également (L. 13. § 1 *de min.*) « *Interdum autem restitutio et in rem datur.* » Il est donc probable que si dès le principe, le préteur donnait à sa volonté l'extension et l'énergie qu'il lui plaisait d'opposer au droit civil, l'influence de la jurisprudence et les efforts des jurisconsultes durent préciser les cas ou la restitution serait donnée *in rem* et les cas où elle serait donnée *in personam.* Ulpien nous présente en effet la restitution demandée contre les contrats comme étant en règle générale *in personam* et n'étant *in rem* qu'exceptionnellement. Mais la restitution est toujours *in rem* toutes les fois qu'elle donne au bénéficiaire une qualité qui de sa nature peut être opposée à des personnes diverses et indéterminées.

C'est ainsi que la restitution contre une usucapion permet au bénéficiaire de se poser à l'égard de tous comme propriétaire, c'est ainsi encore que la répudiation ou l'acceptation d'une succession lui permet de se prévaloir de sa qualité d'héritier à l'égard de tout le monde ou de la repousser à l'égard de tous. (L. 17, pr. L. 30; § 1 *ex quib. caus. maj.*) Il est enfin une considération de faveur et de protection pour le mineur qui lui donne la restitution *in rem* dans toutes les circonstances *si grande damnum adolescentis versatur.* (L. 49. IV. 4.) La loi 9, pr. *de min.* nous donne une curieuse application de cette préoccupation exagérée d'équité en faveur du mineur: *Si ex causa judicati pignora minoris capta sunt et distracta, mox restitutus sit adversus sententiam præsidis, videndum an illa revocari debeant quæ distracta sunt, nam illud certum est pecuniam ex causa judicati solutam ei restituendam, sed interest ipsius, corpora potius habere, et puto interdum permittendum, id est, si grande damnum sit minoris.*

COMPÉTENCE ET FINS DE NON-RECEVOIR EN MATIÈRE DE TESTITUTION.

Le droit d'accorder la restitution est un privilége exclusif des hautes magistratures. Sous la république à Rome, c'est le préteur qui en connait, dans les provinces, ce sont les proconsuls ou propréteurs, qui, sous l'empire, sont successivement appelés *legati et præsides*. Sous l'empire, ce droit appartient en outre au préfet de la ville, au préfet du prétoire, chef militaire dont on fait un magistrat, et à l'empereur lui-même. Le conflit entre les deux préfets, dit M. Ortolan (inst. expliq.) était sans doute évité par une division des personnes en deux classes distinctes. Jusqu'alors, le droit d'accorder la restitution était resté l'attribution des hautes magistratures, mais Justinien dans un rescrit inséré au Code, décide que ceux qui ont droit de statuer sur les demandes pourront désormais déléguer leur pouvoir, et que les juges qu'ils auront nommés pour statuer sur toute autre contestation, pourront connaître d'une demande incidente en restitution. (L. 2 et 3 *ubi et apud quem*, C. II, 47).

Il existe cependant quelques règles spéciales pour le cas où le mineur demanderait à se faire restituer contre la chose jugée. Tout magistrat peut accorder l'*in integrum restitutio* contre la sentence rendue par son inférieur ou son égal, jamais contre la décision d'un magistrat supérieur (L. 18, *de min.* IV, 4); il peut encore l'accorder contre les jugements de son prédécesseur et même contre les siens propres, bien que dans ce cas, il ne puisse pas connaître de l'appel « *quamvis appellari ab his non possit.* » (L. 17, *de min.*). Si le procès a été jugé par l'empereur ou par un de ses délégués immédiats, c'est devant l'empereur lui-même qu'il faut se pourvoir.

Nous savons devant qui porter la demande en restitution, voyons maintenant quelles fins de non recevoir on peut y opposer: Le droit à la restitution peut se perdre par le désistement, par la ratification et par la prescription. Le désistement toutefois ne résulte pas d'un simple sursis, il résulte d'une renonciation tacite mais complète à l'exercice de la restitution. *Destitisse autem videtur, non is qui distulit sed qui liti renunciavit in totum* (L. 21, *de min.*) L'approbation donnée à l'acte fait perdre le droit de l'attaquer, pourvu qu'elle soit faite en majorité, mais cette approbation peut être tacite. Papinien en donne un exemple dans la loi 30, *de min.* Un mineur de vingt-cinq ans a été émancipé après la mort de son père, il néglige de réclamer en temps utile la *bonorum possessio contra tabulas;* il de-

mande à être restitué contre cette négligence; l'affaire
étant pendante devant le préteur, il devient majeur
et réclame un legs en exécution du testament de son
père : par cela même, il renonce tacitement à se prévaloir du bénéfice de la restitution « *electo judicio*
defuncti » Ulpien dans une hypothèse, analogue en
apparence, a donné une solution opposée. Pothier
concilie les deux textes par une analyse fort claire et
fort vraisemblable des deux espèces; il y a renonciation tacite dans l'espèce proposée par Papinien, cela
est incontestable, mais la même conséquence peut
elle être tirée de la conduite de l'héritier dans le texte
d'Ulpien?— Mineur, il s'est immiscé à l'hérédité paternelle; devenu majeur, il a poursuivi des débiteurs héréditaires ; a-t-il ainsi marqué une renonciation tacite? — En aucune façon, dit Ulpien, cette conduite en
majorité est la suite nécessaire de ce qui a été fait
en minorité, le début de l'affaire se rattache à la minorité *initio inspecto*, et les suites ne peuvent im-
pliquer une attitude juridique nouvelle prise par le
mineur devenu majeur, ni s'interpréter par conséquent dans le sens d'une ratification tacite. (Pothier
Pandect. t. I, p. 171). La restitution ne sera pas possible non plus contre le jugement rendu depuis la
majorité, à moins toutefois que l'adversaire, par des
manœuvres déloyales, n'ait fait traîner l'instance en
longueur et différer la sentence (L. 3, § 1, *de min.*)
On peut voir, en effet, une ratification dans la con-
tinuation de la procédure. Et si le jurisconsulte fait
une exception, c'est qu'il ne veut pas que ces manœuvres blâmables profitent à leur auteur. Peut être

suppose-t-il encore que, majeur depuis peu, le plai-
deur condamné n'a pas pu par la déloyauté de son
adversaire soupçonner l'éventualité d'une condamnation et se prémunir contre elle.

Le droit à la restitution s'éteint, en outre, par
prescription. Ce délai de déchéance appelé *legiti-
mum tempus*, sans doute parce qu'il était emprunté
à la loi Prætoria, fut d'abord court comme toutes
les prescriptions, il était d'une année utile (L. 19,
de min.) Constantin le porte à cinq ans continus
pour l'Italie et quatre ans pour Rome. A son tour,
Justinien fixe à quatre ans continus le délai de cette
prescription à partir du jour où le mineur commence sa vingt-sixième année. (L. 7. C, *de temp. in
integr.* II. 63.) L'Empereur décide expressément
que l'instance en restitution doit être commencée, et
terminée à peine de déchéance, s'il n'y a faute de la
part de l'adversaire dans le délai de la prescription.
Les anciens jurisconsultes semblent également ad-
mettre cette exception au principe que la *litis contestatio* rend perpétuelles, les actions temporaires.
(L. 39 *de min.*) Le point de départ de la prescription est au cas de *venia œtatis* accordée au mineur
la date du décret qui la confère ; s'il s'agit d'un soldat,
le délai ne court, selon un rescrit de Gordien (L. 16
de temp. in int.) que *ex die missionis.*

La restitution obtenue fait revivre les actions et les
exceptions éteintes, la prescription dont il s'agit ici
ne porte pas sur ces actions ou exceptions. On ne
peut se faire restituer, pour cause d'absence légitime

ou illégitime, contre la déchéance encourue par l'effet de la prescription d'une restitution fondée sur la minorité.

Cela résulte de la loi 20 p. *de min.*; en effet, il suffisait pour exercer la restitution ou tout au moins pour interrompre la prescription, de s'adresser au président de la province ou de plaider par procureur pour obtenir un décret du préteur. Que se passera-t-il quand deux causes de restitution seront fixées sur la même tête par une transmission héréditaire? Si celui qui a droit à la restitution laisse un héritier mineur, de deux choses l'une, où il est lui-même mineur à l'époque de son décès, ou il est majeur. Dans la première hypothèse, l'héritier a à partir de sa majorité le délai tout entier, dans la seconde en prenant le même point de départ, on ne lui accorde que le temps qui restait à son auteur, au moment de son décès (L. 19. *de min.* — L. 5 *de temp. in integ.* C. II. 53.)

La restitution obtenue, l'obligation civile disparait, mais il reste toujours une obligation naturelle. Si, aux yeux des jurisconsultes romains, le pupille qui contracte sans l'*auctoritas* du tuteur est obligé naturellement, bien qu'il ne soit pas enrichi, pourquoi refuser la même capacité au mineur qui se trouve dans une position analogue? La preuve que l'obligation n'a pas disparu tout entière, c'est que, comme nous l'avons démontré les débiteurs accessoires continuent à être obligés malgré la restitution, donc, si après sa majorité le débiteur apprécie la validité de son engagement au point de vue de sa conscience, il y trouvera une cause suffisante pour payer, ratifier ou nover sans faire le moins du monde une libéralité. (Machelard oblig. nat. 1re partie, § 2, art. 4.)

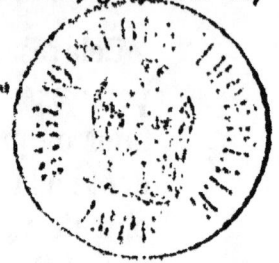

POSITIONS.

—

Droit Romain.

I. — La loi 3 au Code de *int. rest.* fait perdre au mineur de vingt-cinq ans la capacité en droit civil, non-seulement d'aliéner, mais aussi de s'obliger sans l'assistance de son curateur.

II. — La restitution de l'absent comme celle du mineur peut s'appliquer à un bénéfice non réalisé pourvu qu'il n'ait pas pour conséquence *alterius pœna vel damnum*.

III. — Le mineur ne peut se faire restituer contre le gage constitué ou la clause commissoire consentie par son père; la loi 38 *de min.* se concilie parfaitement avec la loi 2, C. *si adv. vend. pign.* et le titre IX, § 8; liv. 1 des Sentences de Paul.

IV. — Il n'y a pas de restitution possible contre la liberté acquise par un affranchissement régulier, ni contre la *minima capitis minutio* éprouvée par le majeur de 20 ans qui s'est vendu frauduleusement comme esclave.

V. — Le *filiusfamilias* ne peut être restitué contre l'emprunt d'une somme d'argent contracté *jussu patris*.

VI. — Les mineurs ont, dans tous les cas, le choix entre l'action de tutelle et la restitution.

VII. — Le fidéjusseur intervenu pour un mineur peut invoquer la restitution, s'il a ignoré l'âge du débiteur principal, c'est-à-dire s'il est intervenu comme garantissant exclusivement sa solvabilité « *sine comtemplatione juris prætorii.* »

VIII. — Pour expliquer la loi 95, § 3 *de solutionibus et liberationibus;* il faut suivre la leçon des Basiliques et lire : *nam si reus duntaxat [natura] fuit obligatus, fidejussor non liberabitur;* il faut sous entendre *per* ou *propter* devant *causam* et *eam* avant *quæ principalis fuit.*

Droit Civil français.

I. — L'action en nullité ou en rescision d'une acceptation de succession est révocable aux termes de l'article
783, quand l'actif brut de la succession se trouve absorbé
ou diminué d'autre moitié par la découverte d'un testament postérieur, au préjudice d'un héritier donataire, qui
eut renoncé et évité le rapport s'il eut pu prévoir cette
lésion.

II. — L'action de dol est réelle, mais le dol est consi-
déré par la loi comme un vice spécial du consentement.

III. — L'article 1305 ne s'applique qu'aux actes passés
par le mineur seul et pour lesquels il n'était point requis de
formes spéciales extrinsèques.

IV. — Les héritiers du donateur peuvent opposer au
donataire le défaut de transcription de la donation.

V. — La transaction faite sur un titre nul, c'est-à-dire
sur un droit qui n'existait pas en réalité, est seulement
rescindable pour cause d'erreur de fait.

VI. — La nullité résultant de la vente de la chose d'autrui est absolue, il en est de même de celle qui résulte de la vente entre époux, bien qu'il y ait au fonds de l'acte ainsi qualifié une véritable donation déguisée.

VII. — La règle *quæ temporalia sunt ad agendum, perpetua ad excipiendum* n'a point lieu sur la prescription de l'art. 1304.

VIII. — La prescription décennale des actions en nullité ou en rescision comporte tous les modes d'interruption ou de suspension affectant les prescriptions de droit commun, et le délai pendant lequel l'action est recevable n'est pas nécessairement épuisé parce que le contrat aurait été passé depuis trente ans et plus.

IX. — Le point de départ de la prescription de l'immeuble dotal est la séparation de biens, à moins que la femme ne l'ait aliéné sans l'autorisation de son mari, ou que son action en nullité ne soit de nature à réfléchir contre lui.

X. — La ratification légale résultant de l'art. 892 ne s'applique pas au cas où le partage est rescindable pour cause de lésion de plus d'un quart.

XI. — L'action prévue par la seconde partie de l'article 1079 est dirigée non pas contre le partage lui-même, mais contre la libéralité préciputaire qui en résulte, si elle est attentatoire aux règles sur la réserve et la quotité disponible ; c'est donc une action en réduction prescriptible par trente ans, à partir du décès du donateur.

Histoire du Droit.

Dans la Gaule franque, la personnalité du droit reposait sur la nationalité et non sur l'élection.

Droit administratif.

Le droit fiscal n'est pas nécessairement limité par les principes du droit civil, et les droits d'un acte nul sont très-régulièrement exigibles si la nullité n'en a pas été judiciairement constatée, ils restent par conséquent inaccessibles à toute demande en restitution.

Le jugement qui prononce l'annulation d'un contrat annulable, ne donne lieu qu'à la perception d'un droit fixe de trois francs.

Procédure civile.

L'action en nullité ou en rescision est une action mixte.

Droit commercial.

Le porteur d'une lettre de change a un droit exclusif sur la provision dès qu'elle existe et peut s'opposer à ce qu'elle soit remise à la faillite du tireur survenue avant l'échéance.

Droit criminel.

Une personne acquittée en Cour d'assises, ne peut être poursuivie en police correctionnelle à raison du même fait.

Vu par le Président,
A. VALETTE.

Vu par l'inspecteur général délégué,
CH. GIRAUD.

Vu et permis d'imprimer,
A. MOURIER.

Imprimerie et Lithographie Hourdequin & Thiroux, rue du Palais-de-Justice, 23.

LIBRAIRIE DE GUSTAVE RETAUX.

THÉORIE DES CONTRATS INNOMMÉS et EXPLICATION DU TITRE DE PRES-
CRIPTIS VERBIS au Digeste, par CALIXTE ACCARIAS, professeur à
la Faculté de Droit de Douai, 1 beau volume in-8°, *franco* 6 fr. 50

TRAITÉ DE LA CRIMINALITÉ, DE LA PÉNALITÉ et DE LA RESPONSABILITÉ,
soit pénale, soit civile, EN MATIÈRE DE CONTRAVENTIONS, DE DÉLITS
et DE CRIMES, par A. F. LE SELLYER, ancien professeur de
Procédure criminelle et de législation criminelle à la Faculté de
Droit de Paris. — 2 forts vol. in-8°, *franco*, 17 fr.

ESSAI SUR LE MUNICIPE ROMAIN et LA COMMUNE FRANÇAISE, par EU-
GÈNE DE RAINCOURT, Docteur en Droit. — 1 vol. in-8° *franco* 5 fr.

Précis de la loi du 23 Mars 1855 sur la TRANSCRIPTION EN MA-
TIÈRE HYPOTHÉCAIRE, par Victor FONS. — 1 vol. in-18,
franco, 60 centimes.

Étude sur les effets de l'ouverture de la FAILLITE, par JULIEN BOU-
TRY, docteur en droit. — 1 vol. in-8°, 3 fr.

www.ingramcontent.com/pod-product-compliance
Lightning Source LLC
LaVergne TN
LVHW022027080426
835513LV00009B/907